Jens Schnauber

Die parlamentarische Untersuchung der "Ursachen des deutschen Zusammenbruches im Jahre 1918"

GRIN Verlag

Bibliografische Information der Deutschen Nationalbibliothek:

Die Deutsche Bibliothek verzeichnet diese Publikation in der Deutschen National-
bibliografie; detaillierte bibliografische Daten sind im Internet über http://dnb.d-
nb.de/ abrufbar.

Impressum:

Copyright © 1998 GRIN Verlag GmbH
Druck und Bindung: Books on Demand GmbH, Norderstedt Germany
ISBN: 978-3-656-25054-8

Dieses Buch bei GRIN:

http://www.grin.com/de/e-book/96098/die-parlamentarische-untersuchung-der-
ursachen-des-deutschen-zusammenbruches

GRIN - Your knowledge has value

Der GRIN Verlag publiziert seit 1998 wissenschaftliche Arbeiten von Studenten, Hochschullehrern und anderen Akademikern als eBook und gedrucktes Buch. Die Verlagswebsite www.grin.com ist die ideale Plattform zur Veröffentlichung von Hausarbeiten, Abschlussarbeiten, wissenschaftlichen Aufsätzen, Dissertationen und Fachbüchern.

Besuchen Sie uns im Internet:

http://www.grin.com/

http://www.facebook.com/grincom

http://www.twitter.com/grin_com

Die parlamentarische Untersuchung der „Ursachen des deutschen Zusammenbruches im Jahre 1918"

Seminararbeit von Jens Schnauber

Inhaltsverzeichnis:

1. Einleitung: Kriegsschuldproblematik als Brennpunkt der Weimarer Republik und der Nationalversammlung- der Weg zum Untersuchungsausschuß

Die Kriegsschuld entwickelte sich zu einem Brennpunkt in der Weimarer Republik und zu einem Hauptargument gegen sie. Neben der Dolchstoßtheorie war die Propaganda um die Kriegsunschuld eine der geistigen Stützen antirepublikanischer Kräfte und somit auch Teil der Ursache für das Scheitern der Weimarer Republik. Jene Entwicklung gilt es kurz zu skizzieren, bevor beschrieben wird, wie die Nationalversammlung mit diesem Thema umging und wie es zum Untersuchungsausschuß über die Ursachen des deutschen Zusammenbruches im Jahre 1918 kam.

1.1. *Die Kriegsschuld in der Weimarer Republik*

Im Krieg selbst keimte die Diskussion um die Kriegsschuld noch kaum auf, und wenn, dann hielten sich „fast alle relevanten Kräfte an einen publizistischen Burgfrieden"[1], der, ebenso wie der Friede zwischen den Parteien[2], jedwede innenpolitische Spannung vermeiden sollte. Schuld wurde in jener Zeit nahezu ausschließlich den Kriegsgegnern angehängt.

Während der Revolution (Oktober, November 1918) schlug dies kurz ins Gegenteil um, als die neuen Machthaber, insbesondere die der USPD, die Kriegsschuld auf eigener Seite suchten, um so dem In- und Ausland zu zeigen, daß man völlig mit dem alten Machthaber gebrochen habe. Jener, im nachhinein betrachtet wahrscheinlich guter Ansatz, ging bereits Ende 1918 mit dem Austritt der USPD aus der Regierungskoalition verloren. Die Mehrheitssozialisten sahen bei dieser Diskussion vor allem Nachteile bei den anstehenden Friedensverhandlungen.[3]

Der Versailler Vertrag (am 28.06.1919 unterzeichnet, am 10.01.1920 in Kraft getreten) gab der Kriegsschulddiskussion endgültig eine neue Wendung, indem nämlich der

---

[1] Dreyer,Michael; Lembcke,Oliver: Die deutsche Diskussion um die Kriegsschuldfrage 1918/19. Berlin 1993 (=(o.V.) Beiträge zur Politischen Wissenschaft, Bd. 8), S. 223.

[2] In seiner Thronrede zum Kriegsbeginn vor den versammelten Reichstagsabgeordneten erklärte WilhelmII: „Ich kenne keine Parteien mehr, ich kenne nur noch Deutsche". (Gutsche, Willibald: Wilhelm II. Der letzte Kaiser der Deutschen. Berlin 1991, S. 172.)

[3] vgl. Dreyer/Lembcke. S.224/5

Kriegsschuldartikel[4] als Legitimationsgrundlage für die auferlegten Bürden angesehen wurde. Um sich der Last zu entziehen, versuchte nun die deutsche Regierung den Kriegsschuldartikel als sachlich falsch darzustellen um somit den Vertrag ungültig zu machen, was zu einer „staatlichen Förderung und hochgradigen Institutionalisierung"[5] der Kriegsschuld- und Revisionspropaganda führte. So gründete bzw. finanzierte zum Beispiel das Auswärtige Amt die `Zentralstelle für Erforschung der Kriegsursachen´ und den `Arbeitsausschuß Deutscher Verbände´. Dabei konnten bzw. wollten die führenden Politiker nicht vermeiden, daß der Revisionismus „auf Kosten der innenpolitischen Verfassung"[6] ging, gekennzeichnet durch eine „Idealisierung der jüngeren deutschen Vergangenheit"[7], also des Kaiserreiches. Folglich schwang in der Forderung nach Revision meist die Forderung nach einer neuen Staatsform, oder zumindest eine starke Kritik an der republikanischen, mit.

Natürlich erfaßte die staatliche Propaganda gegen die Kriegsschuldthese bald weite Kreise der Öffentlichkeit und verhinderte während der Weimarer Zeit eine emotionslose und sachlich-wissenschaftliche Analyse der Ereignisse von 1914-18. Unter diesen Voraussetzungen schaffte es Hitler schließlich „den Revisionismus völlig in den Dienst seiner Ideologie zu stellen."[8] Hierbei ist jedoch nicht ein stetiger Anstieg der Radikalisierung des Revisionismus zu beobachten, sondern eine wellenförmige Bewegung, die ihren Höhepunkt letztendlich im „Superrevisionismus"[9] gegen Ende der Weimarer Republik fand. Weitere Hochpunkte entstanden aus den Reparationsforderungen gegenüber Deutschland, die im Januar 1921 durch die Siegermächte festgelegt wurden, sowie durch die Wirtschaftskrisen 1923 und 1927.

---

[4] In Artikel 231 des Versailler Vertrages wird „Deutschland und seine Verbündeten als Urheber [des Krieges] für alle Verluste und Schäden„ verantwortlich gemacht. Daraus resultieren die Wiedergutmachungsforderungen der Alliierten.

[5] Heinemann, Ulrich: Die Verdrängte Niederlage. Politische Öffentlichkeit und Kriegsschuldfrage in der Weimarer Republik. Göttingen1983 (= Berding, Helmut; Kocka, Jürgen; Wehler, Hans-Ulrich (Hrsg): Kritische Studien zur Geschichtswissenschaft, Bd. 59), S. 155.

[6] Salewski, Michael: Das Weimarer Revisionssyndrom. in: Aus Politik und Zeitgeschichte (B2/80, 12.Januar 1980), S. 14 - 25, hier S. 22.

[7] Jäger, Wolfgang: Historische Forschung und politische Kultur in Deutschland. Göttingen 1984 (= Berding, Helmut; Kocka, Jürgen; Wehler, Hans-Ulrich (Hrsg): Kritische Studien zur Geschichtswissenschaft, Bd. 61), S. 45.

[8] Salewski, S. 25

[9] Salewski, S. 23

1.2. *Kriegsschuld und die Nationalversammlung - der Weg zum Untersuchungsausschuß*

Aber wie behandelten nun die gewählten Volksvertreter die so komplexe und emotionsgeladene Kriegsschuldfrage? Trugen sie mit dazu bei, daß „diese Entwicklung der `politischen Kultur´ im Deutschland der zwanziger Jahre (...) eine der Voraussetzungen für die Erfolge Hitlers und der NSDAP"[10] bildeten?

Die am 6. Februar 1919 eröffnete Nationalversammlung ging bereits in ihrer siebten Sitzung am 14. Februar, nach wichtigen Beratungen über die provisorische Verfassung und ihrer Verabschiedung, der Wahl Eberts zum Reichspräsidenten und der ersten Regierungserklärung, direkt zur Kriegsschuldfrage über, wo die Meinungen in „scharfen wechselseitigen Anklagen von Regierung und Opposition" hart aufeinander prallten.[11]. Die Frage nach der Schuld am und im Kriege bewegte also auch die Abgeordneten. Unter dem Eindruck der Verhandlungen in Versailles entwickelte sich jedoch bald ein parteiübergreifender Konsens über die Ablehnung der alliierten Schuldzuweisung hinsichtlich des *Beginns* des ersten Weltkrieges, allerdings „blieben die gegenseitigen Anschuldigungen, die Verantwortung für den Zusammenbruch und die Niederlage Deutschlands zu tragen",[12] bestehen.

Konsens, wenn auch aus unterschiedlichen Motiven, bestand dennoch darin, die Verantwortlichen für Ausbruch und Verlängerung des ersten Weltkrieges festzustellen. Folgerichtig dachte man zuerst an eine juristische Aufarbeitung in Form eines Staatsgerichtshofes zur Erforschung von Vorgängen vor und im Weltkrieg, den schließlich Justizminister Landsberg (SPD) am 12. März 1919 in einem Gesetzentwurf zur Diskussion stellte. Obwohl ebenfalls von den zur Kriegszeit Verantwortlichen, wie Ludendorff, v. Falkenhayn und Bethmann-Hollweg,[13] gefordert, lehnten dies die Rechten sofort ab. In der Regierungskoalition zeigten sich jedoch ebenfalls zunehmend Bedenken. Man wollte zusätzlichen innenpolitischen Druck, insbesondere während den Versailler Friedensverhandlungen, vermeiden. Außerdem sahen v.a. Juristen rechtliche Probleme zum Beispiel darin, daß ein absichtliches Herbeiführen eines Krieges als Tatbestand nicht

---

[10] Jäger, S. 45
[11] Dreyer/Lembcke, S. 169
[12] Dreyer/Lembcke, S. 174
[13] Ludendorff war zusammen mit Hindenburg am Ende des Krieges Chef der Obersten Heeresleitung (OHL), v. Falkenhayn war Hindenburgs Vorgänger; Bethmann-Hollweg Reichskanzler von 1909-1917.

existiere. Die „beachtliche Diskussion"[14] über den Landsberg-Entwurf im Sommer 1919 mündete schließlich in den Kompromiß eines Untersuchungsausschusses, und man rechnete „allgemein damit, daß die vom Untersuchungsausschuß, erarbeiteten Materialien später dem Urteil eines Staatsgerichtshofes unterworfen werden würden"[15]. So konstituierte sich am 21. August 1919 der parlamentarische Untersuchungsausschuß, der die Frage zur Schuld am und im Krieg klären sollte. Struktur, Verlauf und schließlich die Ergebnisse mit ihrer Auswirkung auf die weitere Geschichte sollen Gegenstand dieser Arbeit sein.

2. Der Parlamentarische Untersuchungsausschuß

2.1. *Ziele, Struktur und Organisation*

Der Untersuchungsausschuß konstituierte sich nach Artikel 34 der neuen Reichsverfassung am 21.08.1919 mit dem Bürgermeister und Parteiführer der Deutschen Demokratischen Partei (DDP) Carl Petersen als Vorsitzenden (später trat der bekannte Völkerrechtler und Pazifist Walther Schücking, ebenfalls Mitglied der DDP, an seine Stelle).

Folgende Ziele wurden festgelegt:

„**Aufklärung der Vorgänge,** die im Juli 1914 als Folge des Attentats in Sarajewo zum **Ausbruch des Krieges geführt haben;**

Aufklärung sämtlicher **Möglichkeiten, zu Friedensbesprechungen** zu gelangen, und Aufklärung der Gründe, die solche Möglichkeiten oder dahingehende Pläne und Beschlüsse deutscherseits zum Scheitern gebracht haben bzw. wenn Besprechungen stattgefunden haben; aus welchen Gründen solche Besprechungen erfolglos blieben

Aufklärung über **kriegerische Maßnahmen, die völkerrechtlich verboten waren** oder, ohne daß sie völkerrechtlich verboten waren, doch unverhältnismäßig grausam oder hart waren;

Aufklärung über die **wirtschaftlichen Kriegsmaßnahmen** an der Front, im besetzten Gebiet, **die völkerrechtswidrig** waren oder deren Durchführung ohne einen besonderen

---

[14] Heinemann, S. 156
[15] Steglich, Wolfgang (Hrsg.): Die Verhandlungen des 2. Unterausschusses des parlamentarischen Untersuchungsausschusses über die päpstliche Friedensaktion von 1917. Aufzeichnungen und Vernehmungsprotokolle. Wiesbaden, 1974, S. X.

militärischen Vorteil zu versprechen, eine für die betreffende Bevölkerung und deren Land nicht zu rechtfertigende Härte mit sich bringen mußten"[16]

Man wollte also alle Fehler und Mängel des alten Systems aufdecken, hoffte aber auch gleichzeitig durch Feststellung der Wahrheit, die alleinige Kriegsschuld Deutschlands widerlegen zu können - und hierin sahen die meisten Ausschußmitglieder keinen Widerspruch.[17]

Die vier offiziellen Ziele wurden je an einen Unterausschuß mit sechs bis acht Mitgliedern delegiert, die durch Akten- und Dokumentationsbeschaffung, Vernehmung von Zeugen, Befragen von Sachverständigen einen Schlußbericht über den jeweiligen Themenbereich zu erstellen hatten.

Dieser enorme Arbeitsaufwand sollte mit Hilfe eines Ausschußbüros mit Sekretären und Sachverständigen bewältigt werden, welche die Materialien beschafften und vorbereiteten. Jene Beamte besaßen einen erheblichen Einfluß auf die Arbeit der Unterausschüsse und hatten, da von Ministerien und somit der Regierung gestellt, oft andere Interessen als eine lückenlose Aufklärung der Vorgänge. Auf besagte Beamtenproblematik wird in Kapitel 2.3.2 noch näher eingegangen.

Der Gesamtausschuß sollte eigentlich die wichtigsten Entscheidungen, wie etwa die Auswahl der Zeugen oder Sachverständigen, treffen. Meistens jedoch nahm er die Vorlagen aus den Unterausschüssen diskussionslos an, so daß folglich die Unterausschüsse, die im übrigen die gleichen Rechte wie eigenständige Untersuchungsausschüsse hatten, die Hauptarbeit leisteten.

Eine solche Organisationsstruktur erlaubte umfangreiches Arbeiten; allerdings konnte aus verschiedenen Gründen nicht das gesamte Material bis heute erhalten werden.

Hierzu ist ein kleiner Überblick angebracht.

2.2. Bemerkung zur Quellenlage

Noch in der Weimarer Republik wurden einige Teile der Arbeit des ersten, dritten und vierten Unterausschusses veröffentlicht.

Materialien des zweiten Unterausschusses konnten erhalten und nachträglich (1971) publiziert werden. Viele andere umfangreiche Aktenbestände sind nach 1933 von den

---

[16] Heinemann, S. 157
[17] Heinemann, S.156

Nationalsozialisten vernichtet worden. Die Protokolle und somit die Beschlüsse der Nationalversammlung über den Ausschuß existieren natürlich.

Aber weshalb hat man nicht alles während der Weimarer Zeit der Bevölkerung zugänglich gemacht? Die Parlamentarier waren schon daran interessiert ihre Ergebnisse in der Öffentlichkeit bekannt zu machen, jedoch gab es von Seiten der Beamten, v.a. der des Auswärtigen Amtes, immer wieder Argumente, die aus ihrer Sicht dagegen sprachen. So wurden z.B. häufig außenpolitische Konflikte befürchtet. Den Beamten gelang es dabei allerdings oft, längere Debatten von Anfang an zu vermeiden, indem sie Dokumente für den Ausschuß als `Geheim´ oder streng `Geheim´ deklarierten. Beispiele hierfür werden noch in der Analyse der Ergebnisse angeführt.

2.3. *Verlauf der Verhandlungen*

2.3.1.   Themen des Ausschusses

Die sehr allgemein gehaltenen Ziele der Unterausschüsse (UAs) wurden im Laufe der ersten Monate konkretisiert und teilweise erweitert. So entschlossen sich die Ausschußmitglieder des ersten UAs schon bald, nicht nur die unmittelbare, sondern auch die „weitere Vorgeschichte des Krieges in ihre Betrachtungen mit einzubeziehen", also „die großen Linien in der Politik der Großmächte" ab 1870. [18]

Oft mußte dabei allerdings der Aufgabenkreis stark eingeengt werden, um die Verhandlungen nicht ausufern zu lassen. Die Unterausschüsse konzentrierten ihre Untersuchungen schließlich größtenteils auf Einzelfragen. Deutlich wird dies am zweiten UA, der sich mit den Ursachen und Hintergründen der gescheiterten Friedensmöglichkeit zu beschäftigen hatte und sich u.a. folgende Thema herausgriff: Die Friedensaktion des amerikanischen Präsidenten Wilson der Jahre 1916/17, die Friedensvermittlungsaktion Papst Benedikts XV. im Sommer 1917, Friedensfühler nach Frankreich und Belgien sowie Friedensmöglichkeiten mit Rußland und Japan[19].

Die Zielsetzungen für den dritten und vierten UA, militärische bzw. wirtschaftliche Völkerrechtsverletzungen festzustellen, erwiesen sich als kaum voneinander trennbar, so

---

[18] Heinemann, S. 204

[19] Hahlweg, Werner: Der Friede von Brest-Litowsk. Ein unveröffentlichter Band aus dem Werk des Untersuchungsausschusses der Deutschen Verfassunggebenden Nationalversammlung und des Deutschen Reichstages. Düsseldorf 1971 (=Matthias, Erich; Conze,Werner (Hg.): Quellen zur Geschichte des Parlamentarismus und der politischen Parteien. Bd. 8), S. XXIV/ XXV.

daß der dritte UA „die Behandlung sämtlicher zur Untersuchung anstehender Völkerrechtsverletzungen" übernahm und der vierte UA die „Verantwortung für den militärischen und politischen Zusammenbruch im Herbst 1918" klären sollte.[20]

Somit beschäftigte sich also der dritte UA u.a. mit der Zwangsüberführung belgischer Arbeiter nach Deutschland, dem Gaskrieg, dem Wirtschaftskrieg und der Verletzung der Neutralität Griechenlands[21]; der vierte UA mit der Entstehung, Durchführung und Zusammenbruch der Offensive im Jahre 1918, den Mißständen im Heer, wirtschaftlichen, sozialen, sittlichen Mißständen in der Heimat und deren Einfluß auf das Scheitern der Offensive und, ein Jahr später hinzukommend, inwieweit innenpolitische Vorgänge und propagandistische Einwirkungen zersetzend gewirkt haben.[22] Hier klingt bereits die Dolchstoßproblematik an, die im vierten UA, wie auch in der breiten Öffentlichkeit, emotionsgeladen diskutiert wurde.

Im Verlauf der Ausschußarbeit bildeten sich einige Probleme heraus, die entscheidenden Einfluß auf die Ergebnisse hatten und deswegen genauer beleuchtet werden müssen.

2.3.2.   Probleme des Ausschusses

Eine große Problematik war der hohe Zeitaufwand, der für die Arbeit notwendig war. Neben der Arbeit in diesem Ausschuß waren die Abgeordneten noch in anderen Gremien, natürlich auch außerhalb des Parlaments, beschäftigt, und das in einer Volksvertretung, die kaum Erfahrung mit parlamentarischer Arbeit hatte. Hinzu kam die politisch unruhige Zeit, insbesondere im ersten Jahr, die auch im Juni 1920 zu Neuwahlen führte. 1924 folgten zwei Wahlen und schließlich noch jeweils eine 1928 und 1930. Das verursachte, wie bei Wahlen in jeder Demokratie, wochen- bis monatelange Unterbrechungen und Verzögerungen der Arbeit.

Daneben waren außerdem die weit gesteckten Ziele keine Erleichterung. Schon die Ausformulierung der genauen Aufgaben und die Abgrenzung der einzelnen Unterausschüsse voneinander dauerte Monate.

Desweiteren mußten umfangreiche Gutachten in Auftrag gegeben und schließlich geprüft werden, wobei gerade die Beschaffung von Akten viel Zeit in Anspruch nahm. Hier

---

[20] beide: Heinemann, S. 177
[21] vgl. Heinemann, S.192
[22] Philipp, Albrecht (Hrsg.): Die Ursachen des Deutschen Zusammenbruch im Jahre 1918. Vierte Reihe im Werk des Untersuchungsausschusses. Berlin 1925, S. 40.

spielen vor allem die Kriegswirren, die immer zu Unordnung in den Behörden führen, sowie die Beamtenproblematik, auf die später noch genauer eingegangen wird, eine große Rolle. Dieser Zeitverzug führte dazu, daß der Ausschuß in der Öffentlichkeit immer mehr an Aufmerksamkeit und Autorität verlor. So konnte z.B. Ludendorff am Ende des Krieges, „sein Erscheinen im Unterschied zu früher jetzt in herausfordernder Form ablehnen"[23], ohne daß es von der Bevölkerung zur Kenntnis genommen wurde. Allerdings hatte bis dahin bereits der ganze neue Staat und dessen Staatsordnung an Autorität eingebüßt. Insbesondere Versailles sah man, ebenfalls gestützt durch die bürgerlich-republikanischen Parteien, immer mehr als Symbol für das Versagen der Demokratie an.[24] Es reichte nun also nicht mehr aus „Träger hoher Verantwortung (...) [nur] in Vollmacht der Verfassung,"[25] vorzuladen.

Hier fehlte den Volksvertretern aber auch die richterliche Kompetenz, was ein neues Problemfeld darstellt. Ludendorff konnte zum Beispiel nicht für sein Fernbleiben bestraft werden, was in gleicher Weise für die Beamten galt, die den Ausschuß eigentlich unterstützen sollten, indes teilweise gegen ihn arbeiteten.

Diese bereits angesprochene Beamtenproblematik lag dabei im wesentlichen an den im Kaiserreich ausgebildeten Beamten, die sich mit der neuen Staatsform und somit dem Parlament nicht anfreunden konnten. Aber auch die schuldhaften Verstrickungen einiger Staatsdiener im Kriege führten zu deskonstruktiver Mitarbeit. Und, das kommt als große Schwierigkeit hinzu, der Einfluß der Beamten war enorm. In ihren Rechten den Abgeordneten gleich gestellt, konnten sie bei den Akten eine Vorauswahl treffen, die Herausgabe, wie schon angesprochen, verzögern oder die Akten als geheimes Material einstufen. Das war alles nicht illegal, schließlich war rechtmäßiges Handeln und der Respekt vor dem Gesetz im kaiserlichen Beamtentum tief verwurzelt, es fehlte indes die Anerkennung der Demokratie und das selbstkritische Untersuchen der eigenen Verantwortung, um sich mit der Arbeit des Ausschusses zu identifizieren und ihn motiviert zu unterstützen.

Jedoch muß hinzugefügt werden, daß gerade die Geheimhaltung von Material auch desöfteren Wille der politischen Führung war, die, hier wiederum häufig durch hohe Beamte beeinflußt, durch Schuldbekenntnisse oder Bekanntgabe gewisser Vorgänge außenpolitischen Schaden befürchtete. So ist zu vermuten, daß Akten vorenthalten wurden,

---

[23] Fischer-Baling, Eugen: Der Untersuchungsausschuß für die Schuldfrage des Ersten Weltkrieges, in: Herrmann, Alfred (Hrsg.), Aus Geschichte und Politik. Festschrift für Ludwig Bergsträsser, Düsseldorf 1954, S.117-137, hier S. 131
[24] vgl. Heinemann, S.. 255
[25] Fischer-Baling, S. 124/5

was den Ausschußmitgliedern zwar bewußt war[26], sie es allerdings nicht nachweisen konnten.

Aber selbst wenn ein Gutachten, auf umfangreichem Aktenmaterial basierend, vorlag, war es für einen Parlamentarier kaum möglich, die ganze Komplexität der Vorgänge zu durchschauen, da die gestellten Aufgaben einfach zu umfassend waren. So konnte fast nie eine zielgenaue Analyse eines Komplexes erreicht werden. Dies hätte nur die politische und/oder militärische Führung des Krieges gekonnt, aber von denen war es nicht zu erwarten.

Viel Energie ging auch verloren, weil die Ausschußmitglieder nicht auf ein klares gemeinsames Ziel für den Untersuchungsausschuß hinarbeiteten. Wollte man, wie Albrecht Philipp, Vorsitzender des vierten UAs meinte, „dem deutschen Volke einen Dienst (...) erweisen"[27]? Oder, nach Ansicht des Abgeordneten Dr. Dr. Bredt, ebenfalls Mitglied des vierten UAs, nur „der Nachwelt das Material möglichst einwandfrei überliefern" da „den Richterspruch (...) irgendein Historiker vom Format Rankes oder Treitschkes [sowieso erst] erheblich nach dem Jahre 2000"[28] fällt? Oder hatte man doch im Hinterkopf, daß das Material später der Untersuchung eines Staatsgerichtshofes dient?

All diese Probleme sind bei der Auseinandersetzung mit den Ergebnissen des Untersuchungsausschusses zu beachten.

Was waren aber nun die Ergebnisse?

2.4. Ergebnisse

2.4.1. Ergebnis des ersten UA

Der erste UA konnte sein anfänglich hoch gestecktes Ziel, das „erste autoritative Werk über die Vorgeschichte des Krieges von deutscher Seite,[29] vorzulegen, nicht einhalten. Zur Entschließung konnten nur die Haager Friedenskonferenz von 1899 und 1907 und der Komplex `Militärische Rüstung und Mobilmachung´ gebracht, sowie zwei Gutachten vorgelegt werden. Zwar wurden „die Arbeiten (...) fast alle geleistet"[30], allerdings nicht veröffentlicht, da die Nationalsozialisten nach ihrem Wahlsieg im Juli 1933 die

---

[26] So sah es z.B. der sozialdemokratische Abgeordnete Dr. Quasell als „erwiesen" an, „daß nicht nur das vorgegangen ist, was in den Akten des Auswärtigen Amts steht". Philipp, S. 393
[27] Philipp, S.3
[28] Philipp, S. 303
[29] Heinemann, S. 204
[30] Fisch-Baling, S. 136

Wiedereinsetzung des gesamten Ausschusses verhinderten und so ein Abschlußbericht nicht mehr möglich war. Vor allem „die andauernde Intervention des Auswärtigen Amtes"[31] verzögerten diesen erheblich. Ein Beispiel hierfür sind die Gutachten von vier, namhaften Sachverständigen, die schwerpunktmäßig den neuen Kurs der wilhelminischen Regierung kritisierten, ohne dem Kaiser jedoch die ausdrückliche Schuld am Ausbruch des Krieges zu geben. Aber gerade die Betonung der unzulänglichen Außenpolitik Wilhelms gegenüber derer Bismarcks war wohl der Anlaß weshalb besagtes Gutachten nicht veröffentlicht werden durfte. Als vorgeschobenen Grund gab das Auswärtige Amt hier an, daß zwei Gutachten nicht rechtzeitig fertiggestellt worden seien.

2.4.2. Ergebnis des zweiten UA

Ähnlich verlief es beim zweiten UA. Er hatte die gescheiterten Friedensmöglichkeiten während des Krieges zu prüfen, ein Themenkomplex, der kurz nach Abschluß des Versailler Vertrages in der ganzen Weimarer Republik heftig diskutiert wurde. Exemplarisch wird diese Debatte an einem Disput zwischen dem Abgeordneten der Deutsch Nationalen Volkspartei, von Graefe, und dem Reichsfinanzminister Erzberger deutlich. Letzterer verschärfte die Diskussion, indem er dem Reichstag Dokumente vorlegte, die beweisen sollten, daß einige Friedensmöglichkeiten ausgelassen worden seien und erklärte, daß es daran gelegen hätte, daß „Deutschland (...) überhaupt keine politische Regierung, sondern eine Militärdiktatur"[32] hatte. Demgegenüber gab von Graefe der Revolution die Schuld am Zusammenbruch der Front. „Erst durch die vernichtende Situation [die Novemberrevolution] kam die Kapitulation"[33], so von Graefe.

Hier sollte der zweite UA bei der Aufklärung helfen. Aber auch in diesem UA gelang es dem Auswärtigen Amt „die Ausschußarbeit in eine bürokratisch gelenkte, quasi geheime Untersuchung zu transformieren."[34]. Der Widerstand der demokratisch noch nicht richtig gefestigten Parlamentarier war zu gering. So wurden nur die Komplexe über die Wilson-Aktion, den päpstlichen Friedensappell, die gescheiterten deutsch-belgisch-französichen Kontakte und die deutsch-amerikanischen Friedensgespräche des Frühjahrs 1918 zum Abschluß gebracht. Bei der Wilson-Aktion enthielt der Beschluß, „daß eine wichtige

---

[31] Heinemann, S. 217

[32] Heilfron, Ed. (Hrsg): Die Deutsche Nationalversammlung 1919/20 im Jahre 1919 in ihrer Arbeit für den Aufbau des neuen deutschen Volkstaates; 7.Bd,Norddeutsche Buchdruckerei und Verlagsanstalt, Berlin o.J., S. 163.

[33] Heilfron, S. 150

[34] Heinemann, S. 174

Friedensmöglichkeit nicht mit der gebotenen Sorgfalt behandelt worden war"[35]. Dies beachtete die Öffentlichkeit jedoch nicht weiter, da am Anfang der Untersuchung einige taktische Fehler unterliefen. Man vernahm zum Beispiel Hindenburg und Ludendorff als Zeuge, was Hindenburg nutzte, um die „Dolchstoßlegende öffentlichkeitswirksam zu inaugurieren"[36]. Die Wirkungen reichten bis in das neutrale Ausland, daß die Nachsichtigkeit der Ausschußmitglieder mit den Repräsentanten des kaiserlichen Deutschland rügte.[37] Daraufhin änderte der Ausschuß seine Verfahrensweise und „hat später nie wieder öffentliche Vernehmungen durchgeführt und keine Publikationen über seine weiteren Arbeiten vorgenommen"[38]. Indem man den Schwerpunkt auf Aktenstudium legte, verlor die Presse nun das Interesse, da nichts Schlagzeilenträchtiges mehr zu erwarten war.

Etwas anders verhielt es sich nur mit der Behandlung des päpstlichen Friedensappells Benedikt XV. Der Beschluß besagte, daß Fehler in der formellen Behandlung jenes Vermittlungsversuches gemacht wurden, was allerdings nicht ausschlaggebend für das Scheitern der Aktion war. Dies publizierten am 3. September 1922 alle großen Zeitungen, was jedoch nicht zu einer Beruhigung der Öffentlichkeit in jener Frage führte. Insbesondere sozialdemokratische Publikationen waren mit dem Ergebnis mehr als unzufrieden, da sie den Vermittlungsversuch des Papstes als große vergebene Möglichkeit des Friedens sahen. Aber auch hier sorgte wieder die Wilhelmstraße dafür, daß die Akten und Verhandlungsprotokolle nicht veröffentlicht und somit eine konstruktive, öffentliche Diskussion verhindert wurde.

Beim Komplex deutsch-belgisch-französische Kontakte, bei denen der ehemalige Leiter der politischen Abteilung beim Generalgouverneur in Belgien, v.d. Lancken-Wakenitz und der französische Politiker Briand die Hauptpersonen waren, verhinderte wieder einmal mehr das Auswärtige Amt eine Veröffentlichung des Beschlusses. In der Entschließung machten die Ausschußmitglieder innerfranzösische Verhältnisse für das Scheitern verantwortlich. Auch bei den deutsch-amerikanischen Friedensgesprächen, die der General v. Haeften mit Angehörigen der amerikanischen Gesandtschaft in Den Haag führte, suchte der UA nicht die ausdrückliche Schuld auf deutscher Seite, sondern sah die amerikanischen Forderungen als unannehmbar an. Dieser Entschluß ist „nur schwer erklärbar"[39] da der General zwar die Oberste Heeresleitung, jedoch nicht das zivile

---

[35] Fisch-Baling, S. 125
[36] Heinemann, S. 162
[37] Heinemann, S. 164
[38] Steglich, S. X
[39] Heinemann, S.173

Auswärtige Amt informiert hatte, was darauf hindeutet, daß die OHL einfach die Frühjahrsoffensive nicht gefährden wollte. Hier fehlte ebenfalls der nötige Mut für eine klare Entschließung. Beim zweiten UA wird insgesamt der Einfluß der Beamten und auch die Verunsicherung der Ausschußmitglieder durch die Propaganda der Regierung gegen den Versailler Schuldartikel sehr deutlich.

2.4.3. Ergebnis des dritten UA

Von der Öffentlichkeit mehr beachtet wurden die Ergebnisse des dritten UAs, der sich mit den Völkerrechtsverletzungen befaßte. Hier wollten die Ausschußmitglieder allerdings nicht nur die objektiven Tatbestände klären, sondern ebenso „Denkanstöße für die Konzeption neuer zeitgemäßer völkerrechtlicher Regelungen liefern"[40]. Aber auch dieser UA mußte mit den Behörden kämpfen, die insbesondere befürchteten, daß die Untersuchung den bereits sinkenden Druck auf Auslieferung von Kriegsverbrechern in das Ausland wieder ansteigen lassen könnte.

Der dritte UA legte 1927 sein fünfbändiges Ergebnis dem Reichstag vor. Jenes spielte jedoch hauptsächlich der Revisionsbewegung in die Hände, da, teilweise mit „halsbrecherischen Deduktionen"[41], versucht wurde, Völkerrechtsverletzungen der deutschen Regierung zu verneinen und den Kriegsgegnern zuzuschieben. So deuteten zum Beispiel die meisten Ausschußmitglieder den U-Boot-Krieg als legitime Antwort auf die völkerrechtswidrige Blockade Deutschlands durch England, oder sie sahen die Zwangsüberführung belgischer Arbeiter nach Deutschland durch die Haager Landkriegsordnung gedeckt, während bei der ähnlich gelagerten Verschleppung von Bewohnern Elsaß-Lothringens nach Frankreich „die Völkerrechtswidrigkeit solcher Maßnahmen (...) außer Frage" stand[42]. Bei diesem Unterausschuß beeinflußten Beamten die Arbeit sogar direkt, indem sie bei der Arbeit der Sachverständigen beteiligt wurden.

Deutlich wird das am Urteil über die Belgienproblematik. Gerade die Rechtfertigung der Besetzung Belgiens gehörte „zu den Schwachstellen der deutschen Propaganda"[43]. So versuchte und schaffte es die Regierung, eine öffentliche Diskussion über besagte Problematik durch den Einfluß ihrer Beamten zu verhindern. Daß der dritte Unterausschuß

---

[40] Heineman, S. 192
[41] Fischer-Baling, S.135
[42] Heinemann, S. 194/5 (Zitat: S. 195)
[43] Heinemann, S. 197

gänzlich seinen revolutionären Ursprung verlor, aus dem er geboren wurde[44], zeigt sich auch bei der Beurteilung der verursachten Zerstörungen des deutschen Heeres beim Rückzug aus Frankreich und Belgien. Obwohl in den Archivalien des Ausschußbüros ein vom Auswärtigen Amt erstelltes Gutachten enthalten war, welches besagte, daß solche Zerstörungen „gänzlich sinn- und zwecklos waren"[45], kamen die Parlamentarier zu dem Schluß, daß es sich um Maßnahmen unter rein militärischen Gesichtspunkten handelte, die durch den Artikel 23 der Haager Landkriegsordnung legitimiert seien. Der Ausschuß war von einer objektiven Aufarbeitung so weit entfernt, daß noch 1934 das Reichswehr- und Reichsfinanzministerium die Arbeit „als geeignet, die Kriegsgreuelpropaganda der Alliierten zu widerlegen" ansahen und sie in einer Auflage von 10000 Exemplaren veröffentlichten.[46]

2.4.4. Ergebnis des vierten UA

Den schwierigsten und eindeutig revolutionärsten Auftrag hatte der vierte UA, hätte er doch die Dolchstoßtheorie endgültig ins Reich der Legenden befördern können. Jedoch trauten sich auch seine Abgeordneten bei ihren Entschlüssen keine Urteile zu, die völlig gegen die innenpolitische Agitation der Nationalsozialisten gerichtet waren. So urteilten die Unterausschußmitglieder 1924 über den militärischen Zusammenbruch 1918, daß „keine Feststellung getroffen [werden kann], welche es rechtfertigt, nach irgendeiner Seite hin zu einem Schuldurteil zu gelangen."[47] Beim Untersuchungskomplex `Heimatpolitik und Umsturzbewegung´ der „der Einfachheit halber (...) unter den Begriff `Dolchstoßfrage´ zusammengefaßt"[48] wurde, gelangten die Abgeordneten 1928 zu dem Urteil, daß „nur im wechselseitigen Zusammenwirken zahlreicher Ursachen die Schuld am deutschen Zusammenbruch gefunden werden könne."[49] Gegen die Stimmen der SPD- und KPD-mitglieder sprach sich der Unterausschuß für einen Freispruch der Führungskräfte der OHL aus, fern jeden Vorwurfs eines pflichtwidrigen Verhaltens.

Insgesamt konnten die Militärs als rehabilitiert und ihre Leistung vom Reichstag als anerkannt gelten. Aber auch hier nahm die Öffentlichkeit die Ergebnisse kaum wahr. Nur

---

[44] vgl. Fischer-Baling, S. 123
[45] Heinemann, S. 199
[46] Heinemann, S. 203
[47] Phillip, S. 25
[48] Phillip, S. 42
[49] Heinemann, S. 189

später, als die Dolchstoßlegende, ab dem wirtschaftlichen Krisenjahr 1927, wieder aufflammte, mißbrauchte man den Beschluß zu Propagandazwecken.

In allen Beschlüssen nannten die Unterausschüsse kaum einen Schuldigen auf deutscher Seite. Im Gegenteil, einige Verantwortliche konnten sich als schuldlos fühlen. Dem Druck der Behörden auf Geheimhaltung vieler Materialien wurde nicht standgehalten, so daß Materialien mit wissenschaftlichem Wert nicht für eine sachlich innenpolitische Diskussion verwendet werden konnten.

3. Zusammenfassung

Die parlamentarische Untersuchung der „Ursachen des deutschen Zusammenbruches im Jahre 1918" verdeutlicht „exemplarisch die Breite, in der das Kriegsschuldthema in der Weimarer Republik diskutiert wurde." Zur Klärung der Ursachen gingen die Abgeordneten bis zur Reichsgründung 1871 zurück. Sie beschäftigten sich ferner mit der völkerrechtlichen Problematik und analysierten (ausgelassene) Friedensmöglichkeiten während des Krieges. So „eröffnet sich ein annähernd repräsentatives Bild der Haltung, die die Weimarer Politiker zur jüngeren deutschen Vergangenheit einnahmen."[50]

Damit spiegelt sich hierin natürlich auch die Zerrissenheit des Reiches wieder, die quer durch die bürgerliche Mitte ging. Der Versailler Vertrag verursachte eine staatliche Propaganda gegen den Kriegsschuldartikel, was Nationalisten nutzten, um gegen die Unterzeichner dieses Vertrages, also die demokratischen Politiker, zu wettern, das Kaiserreich zu idealisieren und die Demokratie als Ursache allen Übels zu verunglimpfen. Den verantwortlichen Politikern wiederum mangelte es an jeglichem demokratisch-republikanischen Selbstbewußtsein, und sie vermochten es nicht, eine starke Revisionspolitik zu führen, „ohne sich von der republikanisch-parlamentarischen Verfassung und Innenpolitik zu distanzieren."[51]

Die breite öffentliche Diskussion über die Staatsform insgesamt verunsicherte natürlich auch die Abgeordneten des Reichstages, die oft nicht den Mut fanden, gegen die emotionale Debatte anzugehen und rational die Vorgänge des Krieges zu beleuchten. Damit ging der anfangs revolutionäre Charakter, den der demokratisch gewählte Reichstag noch inne hatte, mehr und mehr in ein bürokratisch gelenktes System über, was beim

---

[50] beide Heinemann, S. 20
[51] Salewski, S. 21/22

Ausschuß für die Völkerrechtsfragen des Weltkrieges (dritter UA) besonders deutlich wird. So läßt sich mit Fischer-Baling feststellen, daß „der revolutionäre Erzeugergeist (...) beim zweiten Unterausschuß mehr, beim ersten und vierten weniger, beim dritten fast gar nicht zur Wirkung,,[52] kam. In den Ergebnissen der einzelnen Ausschüsse werden allerdings meistens einzelne Schattierungen der Geschehnisse weggelassen und zu Kompromißformeln verallgemeinert, obwohl, soweit es die Aktenlage zuließ, gewissenhaft gearbeitet wurde. Die Akten mit den Verläufen der Verhandlungen sind bzw. wären somit historisch sicherlich wertvoll, die Beschlüsse sind es nicht.

Hier vergab der Ausschuß eine große Chance zur Festigung der Demokratie beizutragen; „das große Werkzeug des Ausschusses (...) als Mittel zur Festigung der Demokratie gegen den wieder erstehenden Militarismus‘[53] wurde nicht genutzt.

Literaturverzeichnis:
(Bemerkung: Verwendete Kürzel in den Fußnoten sind **fett** markiert)

Dreyer,Michael; **Lembcke**,Oliver: Die deutsche Diskussion um die Kriegsschuldfrage 1918/19. Berlin 1993 (=(o.V.) Beiträge zur Politischen Wissenschaft, Bd. 8).

Fischer-Baling, Eugen: Der Untersuchungsausschuß für die Schuldfrage des Ersten Weltkrieges. in: Herrmann, Alfred (Hrsg.): Aus Geschichte und Politik. Festschrift für Ludwig Bergsträsser. Düsseldorf 1954, S.117-137.

Gutsche, Willibald: Wilhelm II. Der letzte Kaiser des Deutschen Reiches. Berlin 1991.

Hahlweg, Werner: Der Friede von Brest-Litowsk. Ein unveröffentlichter Band aus dem Werk des Untersuchungsausschusses der Deutschen Verfassunggebenden Nationalversammlung und des Deutschen Reichstages. Düsseldorf 1971 (=Matthias, Erich; Conze,Werner (Hrsg.): Quellen zur Geschichte des Parlamentarismus und der politischen Parteien. Bd. 8).

---

[52] Fischer-Baling, S.123
[53] Fischer-Baling, S. 122

Heinemann, Ulrich: Die Verdrängte Niederlage. Politische Öffentlichkeit und Kriegsschuldfrage in der Weimarer Republik. Göttingen1983 (= Berding, Helmut; Kocka, Jürgen; Wehler, Hans-Ulrich (Hrsg): Kritische Studien zur Geschichtswissenschaft, Bd. 59).

Heilfron, Ed. (Hrsg): Die Deutsche Nationalversammlung im Jahre 1919 in ihrer Arbeit für den Aufbau des neuen deutschen Volksstaates. Norddeutsche Buchdruckerei und Verlagsanstalt, Berlin o.J.

Jäger, Wolfgang: Historische Forschung und politische Kultur in Deutschland. Göttingen 1984 (= Berding, Helmut; Kocka, Jürgen; Wehler, Hans-Ulrich (Hrsg): Kritische Studien zur Geschichtswissenschaft, Bd. 61).

Philipp, Albrecht (Hrsg.): Die Ursachen des Deutschen Zusammenbruchs im Jahre 1918. Vierte Reihe im Werk des Untersuchungsausschusses. Berlin 1925.

Salewski, Michael: Das Weimarer Revisionssyndrom. in: Aus Politik und Zeitgeschichte (B2/80, 12.Januar 1980), S. 14 - 25.

Steglich, Wolfgang (Hrsg.): Die Verhandlungen des 2. Unterausschusses des parlamentarischen Untersuchungsausschusses über die päpstliche Friedensaktion von 1917. Aufzeichnungen und Vernehmungsprotokolle. Wiesbaden 1974.

Schulze, Hagen: Weimar: Deutschland 1917 - 1933. Berlin, 1982 (= Die Deutschen und ihre Nation, Bd. 4).